futebol

Soccer

Karen Durrie

futebol
Soccer

Índice

Contents

Adoro futebol. Hoje vou jogar futebol.

I love soccer. I am going to play soccer today.

O futebol é jogado em todo o mundo.

Soccer is played all over the world.

Visto-me para jogar futebol.
Visto a minha camisa vermelha.
Ela tem um número nas costas.

I get dressed for soccer.
I put on my red jersey.
It has a number on its back.

Como um profissional

Os jogadores de um time usam a mesma cor.

Players on a team wear the same color.

Calço as minhas chuteiras. Elas têm espigões. Os espigões ajudam com a aderência ao chão.

I put on my cleats. They have spikes. Spikes help me grip the ground.

Como um profissional

As chuteiras ajudam os jogadores a controlarem a bola.

Soccer cleats help players control the ball.

Uso caneleiras nas minhas pernas. Coloco meias longas por cima delas.

I wear shin guards on my legs. I put long socks over them.

Como um profissional

As caneleiras evitam que eu me machuque.

Shin guards keep me from getting hurt.

Tenho uma bola de futebol. Ela é preta e branca. Ela rola depressa.

I have a soccer ball. It is black and white. It rolls fast.

Como um profissional

Todos os anos são fabricadas 100 milhões de bolas de futebol.

100 million soccer balls are made each year.

Encontro-me com meus amigos para jogar futebol. Somos um time.

I meet my friends to play soccer. We are a team.

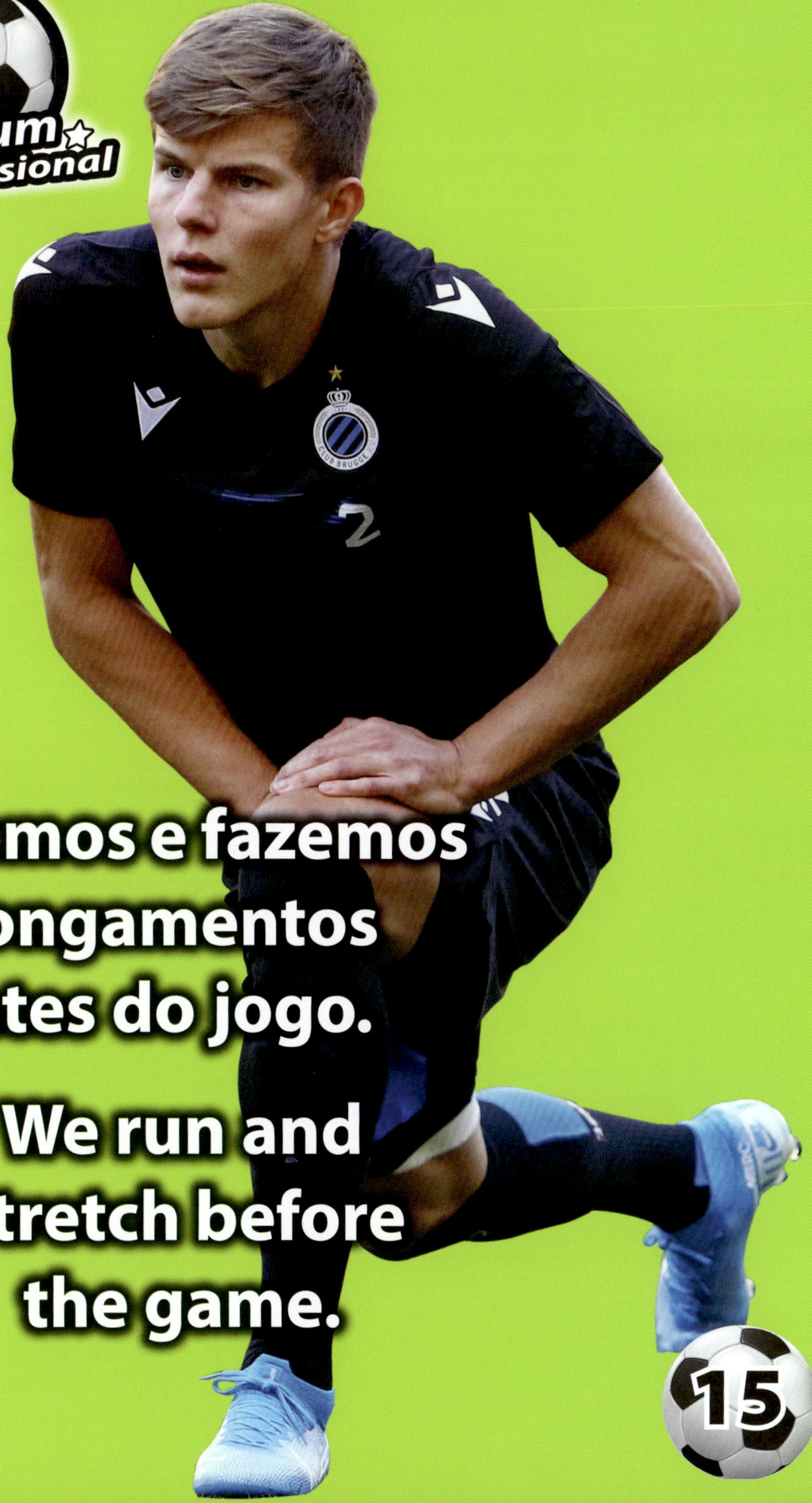

Como um profissional

Corremos e fazemos alongamentos antes do jogo.

We run and stretch before the game.

Sou atacante no meu time. Corro muito. As minhas pernas ficam cansadas.

I am a forward on my team. I do a lot of running. My legs get tired.

Como um profissional

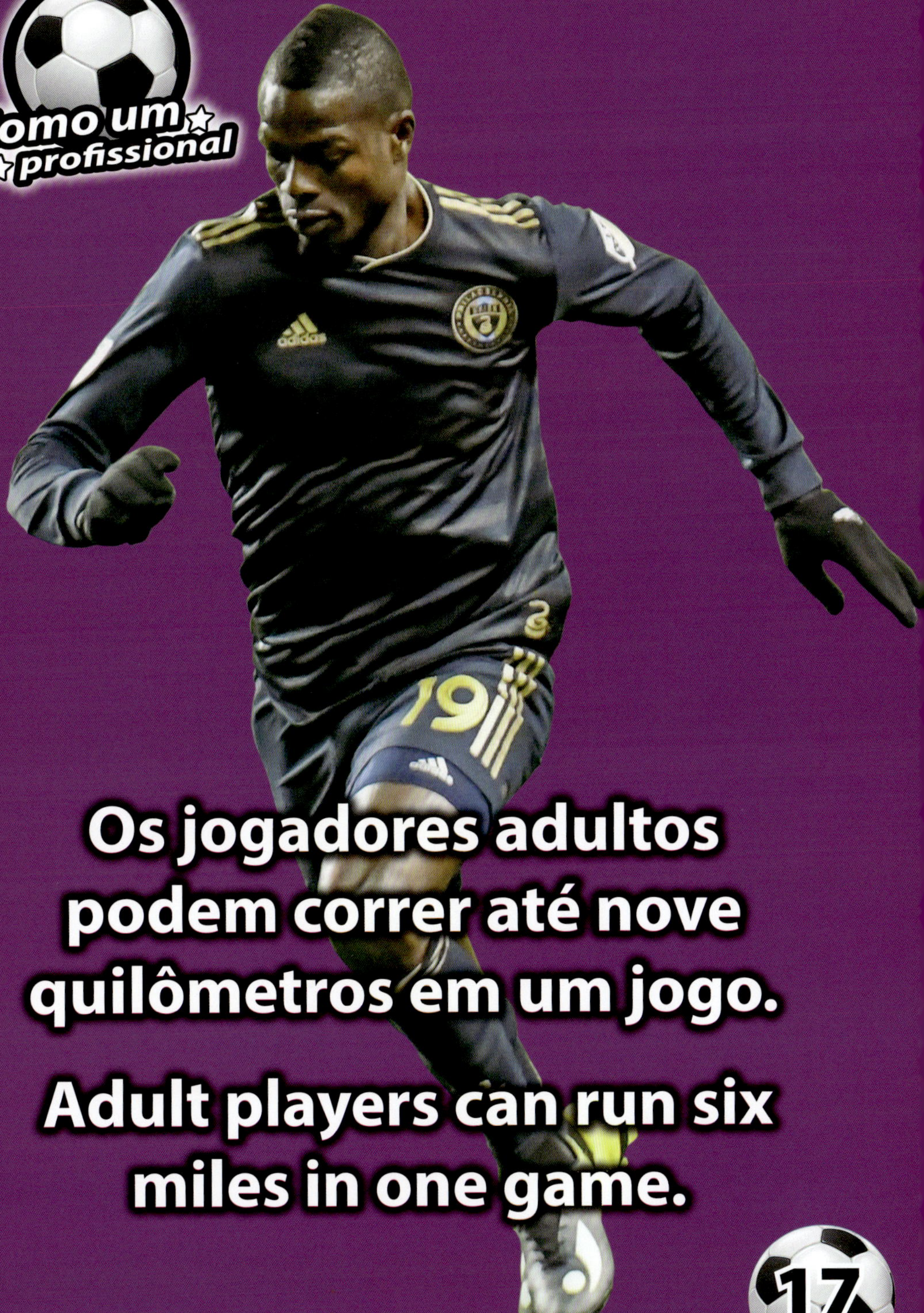

Os jogadores adultos podem correr até nove quilômetros em um jogo.

Adult players can run six miles in one game.

O time passa, chuta
e corre atrás da bola.
Ganhamos o jogo.

The teams pass, kick, and
chase the ball. I score a
goal. We win the game.

Como um profissional

Um jogador marca um gol, mas é o trabalho do time que faz ganhar o jogo.

One player scores, but teamwork wins a game.

Adoro futebol.

I love soccer.

futebol

Soccer

is available in

12 more

bilingual versions.

Arabic

French

Hindi

Korean

Mandarin

Russian

Spanish

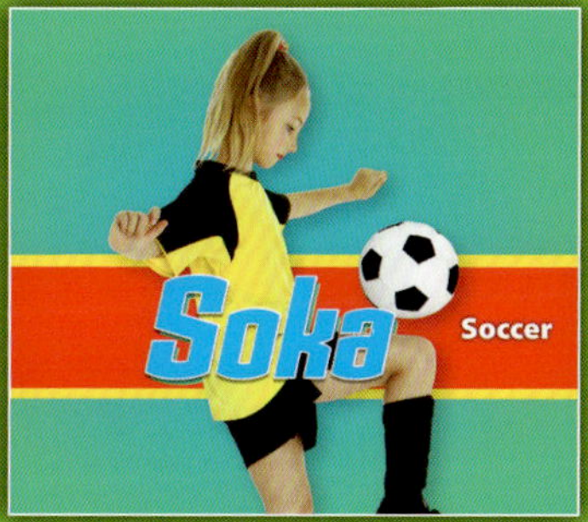

Swahili

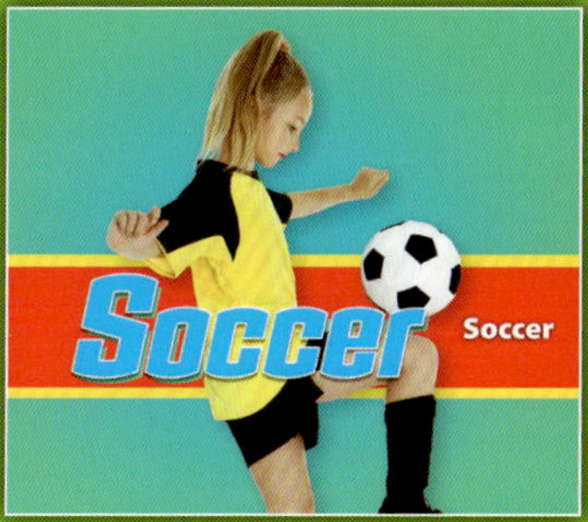

Tagalog

Ukrainian

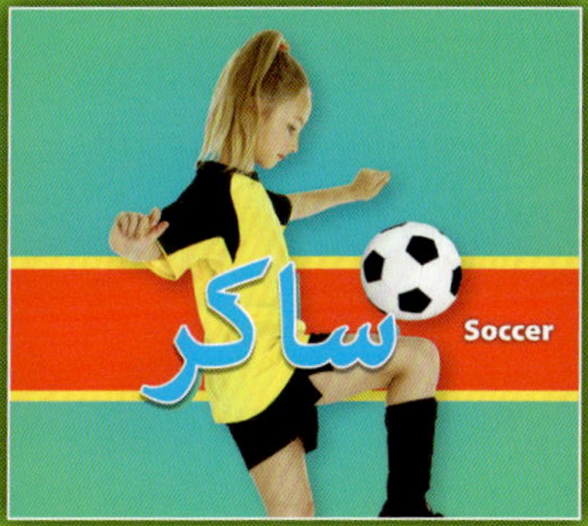

Urdu

Vietnamese

Choose your preferred language for a unique reading experience!

Published by Lightbox Learning Inc.
276 5th Avenue, Suite 704 #917
New York, NY 10001
Website: www.openlightbox.com

Library of Congress Control Number: 2024939607

ISBN 979-8-8745-1690-1 (softcover)

Printed in Guangzhou, China
1 2 3 4 5 6 7 8 9 0 28 27 26 25 24

082024
102923

Designer: Ana María Vidal
Layout: Mandy Christiansen
English Editor: Sara Cucini
Brazilian Portuguese/English Translation:
Absolute Translations

The publisher acknowledges Alamy, Getty Images, iStock, and Shutterstock as the primary image suppliers for this title.